Die schönsten Weihnachtsgeschichten für Erstleser

Die schönsten
Weihnachtsgeschichten
für Erstleser

ISBN 978-3-7855-6817-0
2. Auflage 2009
© 2009 Loewe Verlag GmbH, Bindlach
Umschlagillustration: Franziska Harvey
Reihenlogo: Angelika Stubner
Printed in Italy (008)

www.leseleiter.de
www.loewe-verlag.de

Inhalt

König Balthasar singt

Max und Nico sind auf dem Weg zur
Kirche. In einer Stunde beginnt dort
das Krippenspiel, für das sie wochen-
lang geprobt haben. Max spielt König
Melchior, Nico König Kaspar. Eine
Menge Zuschauer werden erwartet.

„Bist du schon aufgeregt?", fragt Max.

„Geht so", sagt Nico. „Und du?"

Max zuckt die Achseln.

„Bis jetzt nicht. Aber das kommt bestimmt
noch."

„Hoffentlich kann Dominik inzwischen
seinen Text!", sagt Max.

Dominik spielt König Balthasar. Er spielt
ihn sehr gut.

Aber an der Stelle *Du heil'ges Kind,
ich grüße dich* ist er bis jetzt immer stecken
geblieben.

„Wir beide können ja noch mal kurz mit
ihm üben", meint Nico. „Wahrscheinlich ist
er schon da."

Sie rennen das letzte Stück.
Alle, die sonst noch im Krippenspiel
mitmachen, sind bereits in der Kirche.
Auf dem Platz vor dem Eingang dribbelt
ein Junge seinen Fußball über das
Kopfsteinpflaster. Sonst ist niemand
zu sehen.

„Hallo Boris!", rufen Max und Nico
im Vorbeirennen. Boris geht in ihre
Klasse, in die 3b der Gutenbergschule,
allerdings noch nicht lange. Er kommt
aus Russland und spricht erst ein paar
Wörter Deutsch.

„Hallo", antwortet er leise. Aber da sind
Max und Nico schon so gut wie vorbei.

In der Kirche herrscht große Aufregung.
„Dominik ist krank!", ruft Pastor Mielke den
beiden Jungen entgegen. „Er hat Mumps
und kann nicht auftreten!"

Max und Nico sind genauso entsetzt
wie die anderen. Vielleicht noch ein
bisschen mehr. Dominik spielt schließlich
den dritten König! Ohne Balthasar geht
es nicht!

„Es muss ohne ihn gehen!", sagt Pastor
Mielke. „In unserem Stück gibt es jetzt
eben nur zwei Heilige Könige."

„Kann nicht ein anderer die Rolle
spielen?", schlägt Nico vor.

„Gute Idee!", nickt Max. „Wir fragen
Boris."

Ehe Pfarrer Mielke etwas einwenden kann, laufen beide hinaus. Vor der Kirche spielt Boris immer noch ganz allein Fußball.

„Komm mal mit!", sagt Max.

„Wir brauchen dich!", sagt Nico.

Boris schaut sie verständnislos an. Stumm lässt er sich durch die Kirchentür schieben. Pfarrer Mielke ist sichtlich erfreut. Er drückt ihm ein Blatt Papier in die Hand und erklärt: „Das ist dein Text. Du kannst ihn einfach ablesen! Zum Lernen ist keine Zeit mehr."

Boris schüttelt den Kopf.

„Ich nicht verstehe!", sagt er.

Doch das hört der Pfarrer nicht mehr.

Max und Nico ziehen Boris in eine Ecke. „Es sind bloß acht Zeilen", tröstet Max. „Die üben wir jetzt." Er fährt mit dem Finger die Zeilen entlang und liest vor:

„Du heil'ges Kind, ich grüße dich!
Und bist du auch noch klein,
so sollst du doch von heute an
mein Herr und Heiland sein."

Wieder schüttelt Boris den Kopf und sagt: „Ich nicht verstehe!"

Nun liest Nico vor:

„Ich bin dein Diener und dein Knecht,
bin nicht mehr, was ich war.

In Demut beuge ich mein Knie –
ich, König Balthasar."
Zum dritten Mal schüttelt Boris den Kopf.
„Ich nicht verstehe!"
Max und Nico sehen sich ratlos an.
Wie soll das nur klappen? Schon
kommen die ersten Zuschauer.
Plötzlich hebt Boris ganz unerwartet
die Hand und zeigt nach vorn zum Altar,
wo Maria und Josef mit dem Jesuskind
schon im Stall von Bethlehem sitzen.
„Das da verstehn!", sagt er und lacht.
Auf einmal geht alles sehr schnell.
Pfarrer Mielke winkt und die Kinder
laufen in den Raum, wo die Kostüme

liegen. Boris läuft mit. Bereitwillig lässt er
sich den blauen Mantel umlegen und die
goldene Krone aufsetzen. Das Blatt Papier
mit dem Text knüllt er zusammen.

Die Vorstellung beginnt. Alle Schau-
spieler sprechen ihren Text laut und mit
schöner Betonung. Keiner bleibt stecken.
Jeder tut das, was er tun soll. Jetzt fehlen
nur noch die Heiligen Drei Könige. Da
kommen sie schon! Alle sehen ganz
wunderbar aus.

König Kaspar berichtet, dass sie dem
großen Stern gefolgt sind. König Melchior
zählt die Geschenke auf, die sie dem

Kind in die Krippe legen. Jetzt ist König
Balthasar an der Reihe. Was wird er
sagen? Wird er überhaupt etwas sagen?
  Es entsteht eine lange Pause. Max
und Nico halten den Atem an. Boris senkt
den Kopf und blickt stumm auf das Kind
in der Krippe. Nach kurzem Zögern tritt
er einen Schritt näher und kniet nieder.
Das sieht gut aus. Aber es reicht nicht!
  Im Publikum wird es unruhig.
Boris hebt den Kopf und schaut sich
nachdenklich um. Er öffnet den Mund
und atmet tief durch. Und dann beginnt
er zu singen. Niemand kennt das Lied,

das er singt. Keiner versteht seine Sprache. Trotzdem klingt es sehr schön – klar und rein, fröhlich und selbstbewusst – durchaus so, wie man es von einem weit gereisten König erwartet.

Max und Nico tauschen erleichterte Blicke. Sie ahnen, dass Boris ein russisches Weihnachtslied singt.

„Ich nicht verstehe!", flüstert Max.

„Ist ganz egal!", flüstert Nico zurück.

Dann sind sie still und hören wie alle andächtig zu.

Opa Wolle

Opa Wolle steht in der Küche und wäscht ab. „Weihnachten ist schließlich ein Tag wie jeder andere", brummt er und stellt die sauberen Teller in den Schrank.

Dann geht er ins Wohnzimmer. Sein Blick fällt auf den kleinen Weihnachtsbaum. Eigentlich hat er ihn gar nicht kaufen wollen. Aber jetzt freut er sich doch darüber.

Zwei Pakete stehen davor. Eines ist von seinem Sohn Felix. Es kommt aus Amerika. Das andere ist von Tom und seiner Familie. Sie sind mit den beiden Jungen in den Weihnachtsferien beim Skifahren.

Nur von Gerti ist nichts gekommen. Kein Wunder. Sie hat kurz vor Weihnachten ein Baby zur Welt gebracht. Nathalie, ein Weihnachtsmädchen!

Aber schreiben hätte sie doch können! Sicher ist sie noch ein bisschen schwach. Bestimmt wird sie anrufen – seine Gerti!

„Eigentlich hab ich sie den Jungen immer ein bisschen vorgezogen", überlegt Opa Wolle. Er schmunzelt und denkt an Weihnachten, wie es früher war. Jetzt hat sein kleines Mädchen selbst ein kleines Mädchen. Wie die Zeit vergeht!

Eigentlich ist er noch nie allein gewesen am Heiligen Abend. Er hat ihn immer bei einem der Kinder verbracht, seit Oma tot ist. Weshalb ist er nur auf einmal so traurig?

Er macht die Pakete auf. Er freut sich über die selbst gebackenen Plätzchen, über das Fotoalbum mit den Bildern, über die Basteleien der Enkelkinder und über die wunderbare neue Pfeife.

„Die werd ich gleich einrauchen", denkt er und setzt sich in den Sessel. Das Telefon hat er mitten auf den Tisch gestellt. Direkt neben den Weihnachtsbaum. Es gehört zu seiner Bescherung dazu. Denn anrufen wird sie doch wenigstens, seine Gerti!

Die Pfeife schmeckt ihm nicht recht. Er stellt das Radio an. Nachrichten. Nun, schließlich ist es ein Tag wie jeder andere. Er hört eine Glatteismeldung. Wie gut, dass er nicht rausmuss!

Dann spielen sie die alten Weihnachtslieder. Wieder muss Opa Wolle an früher denken. Auf einmal fühlt er sich einsam. Ganz einsam. Eine Träne rollt über seine Backe. Ärgerlich wischt er sie weg und brummt: „Stell dich nicht so

an, Alter! Weihnachten ist ein Tag wie
jeder andere. Kapiert?"

Dann wandert sein Blick zum Telefon.

Es ist schon spät. „Ich werd ins Bett
gehen", denkt er.

Da klingelt es. Er will nach dem Hörer
greifen. Es klingelt noch einmal, heftiger.
Jetzt merkt er erst, dass es die Türglocke
ist. Er springt auf und wirft dabei die
Keksdose um. Wer da wohl klingelt? Um
diese Zeit? Der Telegrammbote vielleicht?

Schon ist Opa Wolle an der Tür.

Draußen stehen ein Mann und eine Frau mit einem Kind im Arm.

„Das Glatteis – wir haben es einfach nicht schneller geschafft", sagt eine vertraute Stimme.

„Mein Gott, Gerti!", sagt der alte Mann. Und einen Augenblick lang ist ihm, als sei die Heilige Familie persönlich bei ihm zu Weihnachten eingekehrt.

Würfelwichtel

Frau Grüninger lächelt
ihre Schüler an.
Dann sagt sie:
 „Am letzten Schultag
wollen wir wieder wichteln.“
Die Kinder jubeln.

Frau Grüninger fährt fort:
  „Aber wir machen es
dieses Mal ganz anders.
Niemand kauft ein Geschenk!"
Die Kinder staunen.
  „Jeder packt etwas selbst Gebasteltes
in Zeitungspapier."
Das haben die Kinder
noch nie erlebt.
Was hat das zu bedeuten?

Am letzten Schultag
gibt es tatsächlich
jede Menge Überraschungen:
spannende Spiele
und lustige Leckereien.
Dann kommt der Höhepunkt.

Die Päckchen der Schüler
werden in die Mitte gelegt.
Frau Grüninger
legt noch einige dazu.
Dann zieht sie den Wecker auf.

„Wir spielen jetzt so lange,
bis es läutet."
Reihum wird gewürfelt.
Bei zwei, drei, vier oder fünf
wird der Würfel weitergegeben.
Wer eine Sechs würfelt,
darf sich ein Geschenk nehmen
und auspacken.

   Eine Eins erlaubt,
das eigene Geschenk
mit dem eines anderen Spielers
zu tauschen.
Im Nu herrschen
Jubel, Trubel und Heiterkeit.
Da wird mit Feuereifer
gewürfelt und ausgepackt.

Immer wieder
wechseln die Geschenke
ihre Besitzer.
Dann ist das Spiel zu Ende.
Jetzt erst darf jeder behalten,
was vor ihm liegt.

Beim Abschied
sind sich alle einig:
„Noch nie hat Wichteln
so viel Spaß gemacht!"

Von den Schneewolken-Engeln

Michael blickt aus dem Fenster. Gleichmäßig rieseln die Schneeflocken herab. Auf der Straße sind längst schon die Laternen angegangen.

„Sieht toll aus", findet Michael, „so ein weißer Flockenvorhang in dem milchigen Licht." Er ist noch hellwach.

„Jeden Abend dasselbe!", seufzt die Mutter. „Du hast schon zwei Gutenacht-geschichten gehört und die Bären-Kuschelwärmflasche ins Bett gekriegt.

Nun ist aber Schluss! Morgen ist wieder Schule, da musst du früh aufstehen."

Mama gibt Michael einen Kuss auf die Stirn, knipst die Nachttischlampe aus und geht leise aus dem Zimmer. Michael hört ihre Schritte auf der Treppe und wie sie die Tür zum Wohnzimmer aufmacht.

Der Flockentanz draußen zieht Michael magisch an. Er schlüpft aus dem Bett und stellt sich ans Fenster.

„Schneeflocken-Geschichten sind tausendmal besser als Menschen-geschichten", wispert auf einmal eine leise, feine Stimme. „Von Schneeflocken-Geschichten kannst du wirklich einschlafen! Kennst du eigentlich die kleinen, zarten Schneewolken-Engel?"

„Null Ahnung", sagt Michael verblüfft.

„Die leben in den Schneewolken", hört er wieder die zarte Stimme. „Dort rutschen sie auf den Schneebergen herunter und bauen kleine Schnee-Engel mit Schnee-flügeln. Und sie tragen eine Krone aus glitzernden Sternschnuppen."

„Es ist eine Schneeflocke, die spricht", denkt Michael erstaunt.

„Aus funkelnden Kristallen formen die Schneewolken-Engel klitzekleine Schneebälle und üben Schnee-Engel-Handball. Das ist immer ein Riesenspaß! Das Engelkichern ist manchmal bis auf die Erde zu hören", erzählt die Schneeflocke weiter.

„Manchmal wagen sich die Schnee-wolken-Engel bis auf die Erde herab. Besonders, wenn es ganz dick schneit.

Dann schauen sie den Fichtenkreuz-schnäbeln ins Nest. Die brüten nämlich mitten im Winter. Und sie decken die Nester mit zarten Engelshänden zu, wenn die Kreuzschnabeleltern auf Futtersuche sind. Damit die Kleinen nicht erfrieren.

Und wenn die Schneewolken-Engel an einer Bärenhöhle vorbeifliegen, dann zaubern sie einen ganz dichten Schnee-vorhang vor den Höhleneingang. Mutter Bär und die kleinen Bärenkinder sollen es doch in den Winternächten ganz warm haben."

„Und was machen die Schneewolken-
Engel mit den Kindern, wenn die nicht
einschlafen können?", fragt Michael.

„Dann kommen sie zu ihnen ins Zimmer
geflogen", flüstert die Schneeflocke.
„Aber erst müssen die Kinder sich
gemütlich unter ihre Bettdecke kuscheln!"

Da springt Michael rasch ins Bett
hinein.

Und dann hört er von fern ein ganz
feines Engelslied. Schön ist das. Die

Augen werden ihm schwer ... und schon ist er eingeschlafen.

Am Morgen liegt eine weiße Feder neben seinem Bett.

„Na", sagt die Mutter, „hast du heut Nacht mit deinem Indianerschmuck gespielt?"

„Großes Geheimnis", sagt Michael und grinst verstohlen.

Kling, Glöckchen, kling!

Tim liegt seit gestern im Krankenhaus.
Er ist am frühen Abend hineingekommen
und bald darauf operiert worden. Vorher
hat er zwei Tage lang schreckliche
Bauchschmerzen gehabt. Und der
nette Doktor Weber, der ihn nun schon
fast neun Jahre kennt, hat mit betrübter
Miene eine Blinddarmentzündung
festgestellt.

„Da bleibt nichts als das Krankenhaus",
hat er gesagt. „Der Blinddarm muss
raus!"

Mama hat sich ziemlich aufgeregt, obwohl sie es sich nicht hat anmerken lassen. Papa ist sofort aus dem Büro nach Hause gekommen. Und Tim hat geheult, als sie alle zusammen ins Krankenhaus gefahren sind.

Jetzt ist der Blinddarm weg und die Entzündung mit ihm. Kein Mensch braucht einen Blinddarm, hat der fremde Arzt erklärt. Und einen entzündeten braucht man schon gar nicht. Tim fühlt sich noch ziemlich schwach und ein bisschen schlecht ist ihm auch.

Aber das kommt nur von der
Narkose, hat die nette Schwester
Karin gemeint. Und sie hat versprochen,
dass es Tim heute Abend besser gehen
wird.

Tim seufzt. Heute Abend ist Heiliger
Abend! Wie soll es einem da besser
gehen, wenn man im Krankenhaus liegt?
Seine Eltern und seine kleine Schwester
Lea werden mit Oma und Opa vor dem
Christbaum sitzen und ins Kerzenlicht
schauen. Sicher werden sie an ihn denken.
Sicher werden sie ihm seine Geschenke
aufheben. Aber sie werden eben doch
ohne ihn feiern. Sie werden gemeinsam

singen, ihre Geschenke auspacken und dann zusammen Abendbrot essen.

„Geflügelsalat!", denkt Tim. „Und Käsetoast!" Und diese kleinen Würstchen, die er so besonders gern mag. Eigentlich hat Tim gar keinen Appetit. Trotzdem wird er den Gedanken an Geflügelsalat, Käsetoast und Würstchen nicht los. Er stellt sich den festlich gedeckten Tisch vor und sieht die ganze Familie darum herumsitzen. Nur sein Stuhl ist leer ...

In diesem Moment geht die Tür auf und Schwester Karin steckt ihren Kopf ins Zimmer.

„Geht's dir besser?", fragt sie.
„Hast du Langeweile? Willst du etwas
lesen? Weißt du, ob du heute noch
Besuch bekommst?"

Tim schüttelt den Kopf. Er will
jetzt nicht lesen. Und er glaubt nicht,
dass er Besuch bekommt. Mama und
Papa waren heute Morgen schon da und
haben lange an seinem Bett gesessen.
Sie mochten ihn gar nicht allein lassen.
Das war ihnen anzumerken. Aber
natürlich hatten sie noch eine Menge
zu tun.

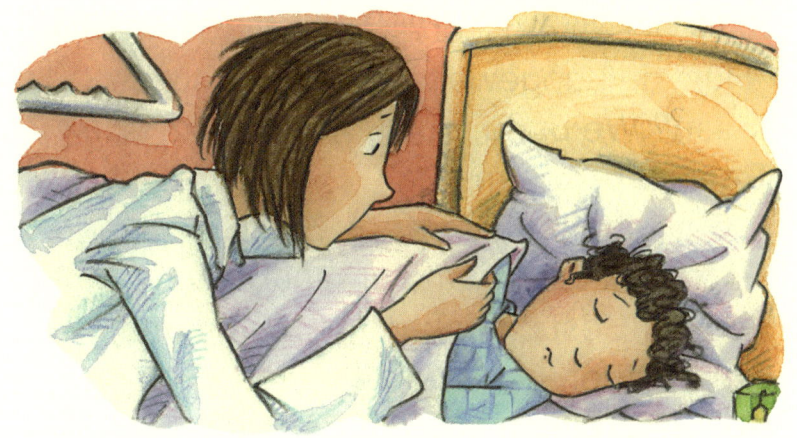

„Ich schlaf noch ein bisschen", sagt
Tim. Er macht die Augen zu und fühlt, wie
Schwester Karin ihm die Decke über die
Schultern zieht.

Als sie fort ist, kuschelt er sich tiefer
in das fremde Kissen. Er schaut zum
Bett am Fenster. Der Junge, der gestern
Abend da gelegen hat, darf Weihnachten
zu Hause verbringen. Der hat es gut!
Tim seufzt noch einmal. Dann schläft
er ein.

Als er aufwacht, dämmert es schon.
Er guckt durchs Fenster in den dunklen
Himmel und denkt an letztes Jahr.

Da hat er um diese Zeit mit Lea
in seinem Zimmer gesessen und der
Bescherung entgegengefiebert. Sie
haben beide ins Wohnzimmer hinüber-
gehorcht und auf den Klang des
Glöckchens gewartet. Wenn das
Glöckchen läutet, dürfen sie ins
Weihnachtszimmer kommen.

Tim steigen Tränen in die Augen.
Das Glöckchen gehört zum Schönsten
an Weihnachten, weil es das lange
Warten beendet. Sein Klang ist mit
nichts auf der Welt zu vergleichen.

Tim macht die Augen zu.

Er glaubt das Glöckchen zu hören.
Klingelingeling! Näher und näher.
Ein Luftzug streift seine Wange.
Ein heller Schein dringt zwischen
seine geschlossenen Lider.

Tim blinzelt. Dann reißt er die Augen
auf. Neben seinem Bett sieht er Lea,
dahinter Mama und Papa. An der Tür
stehen Oma und Opa. Lea läutet das
Glöckchen. Papa trägt einen silbernen
Leuchter mit brennenden Kerzen, Mama
ein großes Paket. Oma und Opa haben
auch etwas mitgebracht.

„Das Glöckchen ...", murmelt
Tim. „Ich habe das Glöckchen gehört!"
„Na klar hast du das Glöckchen
gehört!", ruft Lea. „Zuerst läutet das
Glöckchen – und dann kommt die
Bescherung. Das weißt du doch!"

Krabbelsack

Jedes Kind sollte
ein Geschenk mitbringen.
Für den Krabbelsack
in der Schule.

„Ein kleines Geschenk",
sagte Frau Klee,
„aber eins,
das euch wichtig ist."

Eva zerbrach sich den Kopf.
Tagelang.
Schließlich nahm sie
ihren Zebrastein
und wickelte ihn
in blaues Geschenkpapier.

Der Zebrastein war klein
und sehr, sehr wichtig.
Er war ein Glücksstein.
Hoffentlich hatte Eva jetzt
nicht nur noch Pech?

Am Tag vor den Weihnachtsferien
warf sie das Päckchen
in den Krabbelsack.
Sofort tat es ihr leid.
Ihr Zebrastein!
Weiß und rund
mit schwarzen Streifen.
Sie gönnte ihn keinem.
Höchstens Harry,
ihrem Freund.

Die Geschenke waren geheim.
Eva hielt es kaum noch aus.
Endlich kam die letzte Stunde.
Harry zog ein blaues Päckchen
aus dem Sack hervor.
Evas Herz hüpfte.
Sie selbst zog langsam
ein grünes heraus.

Ein Stein kullerte
aus dem Papier:
klein und schwarz
mit braunen Punkten.
Unter der Bank drückte Harry
fest Evas Hand.

47

„Ich hab so gehofft,
dass du ihn kriegst",
flüsterte er.
  Da wusste Eva:
Der Stein war von ihm
und das Glück würde bleiben.

Christrosen für Maria

In der Heiligen Nacht, als das
Jesuskind geboren wurde, lag überall
Schnee. Auch in Bethlehem. Städte und
Dörfer, Felder und Wälder, Wiesen und
Wege waren ganz zugeschneit. Die
Häuser hatten weiche weiße Mützen
auf und die Gärten versteckten sich
unter weichen weißen Tüchern. Der
Stall, in dem das Jesuskind auf Heu
und auf Stroh in der Krippe lag, war
ebenfalls vor lauter Schnee kaum zu
erkennen.

Maria und Josef waren ganz zufrieden, dass es geschneit hatte. Der Schnee hielt die Hütte von außen gut warm. Und drinnen sorgten Ochse und Esel dafür, dass sie nicht frieren mussten.

Maria hatte das Kind auf ihren Armen in den Schlaf gewiegt und dann in die Krippe gelegt. Gleich darauf fielen ihr selbst die Augen zu. Sie legte sich auf eine Decke und schlummerte ein.

Josef deckte sie mit ihrem blauen Mantel zu. Er setzte sich auf den Boden und betrachtete Mutter und Sohn voller Glück.

Doch gleichzeitig war er ein bisschen
traurig. Er hätte Maria so gern zur Geburt
ihres Kindes einen schönen Blumenstrauß
geschenkt. Aber wo sollte er den mitten
im Winter, zwischen tief verschneiten
Feldern und Wiesen hernehmen?

Nach einer Weile stand Josef
auf, trat hinaus vor den Stall und sah
in die sternklare Nacht. Sie war eisig
kalt und vollkommen still. Josef ging
ein paar Schritte und blieb dann
stehen.

„Liebe Maria!", dachte er. „Liebe,
schöne, junge Mutter des Christkindes!

Wie gern würde ich dir ein paar
Blumen neben dein armseliges Lager
stellen. Gewiss würden deine Augen
strahlen, wenn dein Blick beim Erwachen
auf einen Blumenstrauß fiele."

Der gute Josef merkte gar nicht, dass
ihm ein paar Tränen über die Wangen
rollten und in den Schnee tropften.
Erst als ihm die nächsten Tränen den
Blick trübten, wischte er sie mit dem
Handrücken fort. Nun konnte er wieder
klar sehen.

Aufatmend blickte er hinauf zu dem Stern, der größer als alle anderen über dem Stall stand. Danach fühlte er sich ein wenig getröstet. Er senkte den Blick zu Boden und beugte sich vor. Was war das? Er traute seinen Augen kaum!

An der Stelle, wo seine Tränen in den Schnee gefallen waren, wuchsen auf einmal hell und zart die lieblichsten Blumen, die er sich vorstellen konnte.

Josef beugte sich tiefer und
betrachtete die Blüten voller Staunen.
„Christrosen!", flüsterte er.

Behutsam pflückte er eine nach
der anderen ab. Darauf ging er leise
in den Stall und holte einen Becher aus
seiner Reisetasche. Den füllte er mit
Schnee und stellte die Blumen
hinein.

„Christrosen!", flüsterte er noch
einmal. „Wie wird sich Maria
freuen!"

Drinnen im Stall rückte er den
Blumenbecher zwischen Mutter und
Kind in den sanften Schein der Laterne.

Ochse und Esel sahen ihm aufmerksam zu.

Als Maria die Christrosen beim Aufwachen erblickte, strahlten ihre Augen so hell, wie es sich Josef gewünscht hatte.

Ein Engel im Klassenzimmer

„Sag mal, Lena, magst du wirklich solchen Kitsch?", fragt Rafael, der neben ihr sitzt.

Lena hat in ihrem Lesebuch ein altes Lesezeichen mit einem gehäkelten roten Bändchen dran.

„Da steigen ja Engel eine lange Leiter hoch und runter. Barfuß und mit Riesenflügeln. Sieht komisch aus", meint Rafael.

„Das hat mir meine Oma geschenkt",
sagt Lena. „Ich mag das Bild und die
Geschichte von der Himmelsleiter. Die
hat uns doch neulich erst unsere Lehrerin
in Reli erzählt."

„Du mit deinen Engeln", sagt Rafael und
tippt sich an die Stirn.

Aber da sagt Frau Meyer auch schon
mahnend: „Lena, statt zu schwatzen,
kannst du uns lieber eins der alten
Abendgebete vorlesen."

Lena guckt auf das Blatt vor ihr. Ja wirklich, das ist das Gebet, das Oma manchmal mit ihr am Bett betet, wenn sie zu Besuch ist.

Der große Bruder Michael steht dann hinter der Tür und hat Mühe, sich das Lachen zu verkneifen. Sonst gibt es nämlich Zoff mit Papa und Taschengeldentzug für eine Woche!

Lena liest mit ihrer schönsten Vorlesestimme:

Vierzehn Engelein
Abends, wenn ich schlafen geh,
vierzehn Engel mit mir gehn:
zwei zu meinem Kopf,
zwei zu meinen Füßen,
zwei zu meiner Rechten,
zwei zu meiner Linken,
zwei, die mich decken,
zwei, die mich wecken,
zwei, die mich weisen
zu Himmels Paradeisen.

Einen Augenblick ist es still in der Klasse. Dann brüllen die Jungen los.

„So ein Quatsch!", schreit der dicke Bert.

„An so was glaub ich nicht", meint Robin.

„Lena bestimmt!", ruft Lukas. „Die ist doch so ein Engelfan. Bei ihr zu Haus hängen sicher nur Engelsbilder an den Wänden."

„Engel mit nackigen Popos!", prustet Rafael.

„Nun mal still!", ruft Frau Meyer. „Rafael, du hast es gerade nötig, dich so aufzuspielen! Dabei hast du selbst einen so schönen Engelsnamen."

Die Klasse grinst. Gott sei Dank klingelt es gerade in diesem Moment zur Pause. Die Kinder stürmen auf den Schulhof.

Lena kramt noch in ihrer Tasche herum. Sie wischt sich die Tränen aus den Augen.

Da blitzt auf einmal etwas Helles vor dem Klassenfenster auf. Etwas Weißes,

Glitzerndes schwebt herein und setzt sich genau auf Lenas Lesebuch. Lena reißt die Augen auf. Nein, wirklich, ein Engel, ein richtiger kleiner Engel mit leuchtend weißen Flügeln!

Und vorn auf seinem Engelsgewand steht sein Name. „Rafael", liest Lena.

„Du heißt wirklich Rafael?", fragt Lena ganz erstaunt. „Wie unser Rafael neben mir? Der mich so oft ärgert?"

„Ich bin Rafaels Schutzengel!", flüstert der kleine Engel. „Du darfst ihm nicht böse sein. Er ist im Grunde ein ganz lieber Kerl.

Und gerade die letzten Sekunden hab ich nicht auf ihn aufpassen können, weil ich dich nämlich trösten wollte. Du wirst gleich sehen, was mit ihm passiert ist.

Ich bleib eine Weile hier neben dir sitzen. Weißt du, ich bin nur für Kinder sichtbar, die Engel lieb haben."

Da wird auch schon die Tür aufgerissen. Robin und Lukas und Frau Meyer tragen Rafael herein. Sein Gesicht ist ganz verschmiert.

„Da hast du dich ganz schön zugerichtet", stellt Frau Meyer fest und blickt auf Rafaels blutiges Knie, das langsam anschwillt. „Ich habe euch doch schon hundertmal gesagt, ihr sollt nicht auf die hohe Kastanie im Schulhof klettern!"

Die Jungen setzen Rafael vorsichtig auf den Stuhl neben Lena.

„Und dabei steigt doch heute Nachmittag unser großes Fußballspiel gegen die Auswahlmannschaft vom 1. FC Schalkhausen!", ruft Robin.

„Und ein Torwart mit so 'ner Verletzung, das geht nicht." Lukas schüttelt den Kopf.

„Besuchen können wir dich heute Nachmittag auch nicht", meint Robin.

„Ich geh bei dir vorbei und bring dir die Schularbeiten", sagt Lena leise. „Und für die Rechenarbeit können wir auch üben."

„Oho, Damenbesuch von Engeln!", ruft Robin und grinst.

Aber da trifft ihn ein Tritt von Rafaels linkem, heilem Fuß.

„Noch ein Wort und du bist geliefert,
wenn ich erst wieder laufen kann!", ruft
er. „Das find ich echt toll von dir, Lena",
sagt Rafael leise.

Für eine Weile ist es ganz still in der
Klasse.

„Als ob ein Engel durchs Klassenzimmer
fliegt", denkt Frau Meyer, als die Sanitäter
mit der Trage kommen und Rafael zum
Arzt bringen.

Es ist so weit!

Maren wacht auf und weiß sofort: Heute ist Heiliger Abend! Draußen ist es noch dunkel. Und wenn es nach dem hellen Tag wieder dunkel wird, fängt Weihnachten richtig an. Erst dann brennen die Kerzen und erst dann liegen die Geschenke unterm Tannenbaum.

Bestimmt ist es noch ziemlich früh. Aus dem Bad und aus der Küche kommt nicht das kleinste Geräusch. Aber Maren kann jetzt nicht mehr einschlafen. Beim besten Willen nicht! Mal sehen, ob Mama und Papa schon wach sind! Sie steht auf und tappt ins Schlafzimmer hinüber. „Fröhliche Weihnachten!", ruft Maren.

Papa grunzt nur einmal kurz und wälzt sich auf die andere Seite.

Mama tastet nach dem Radiowecker und murmelt: „Lieber Himmel, es ist erst halb sechs!"

Papa hebt seinen verstrubbelten
Kopf aus den Kissen. „Geh wieder ins
Bett, Maren!"

„Du kannst noch zwei Stunden
schlafen!", sagt Mama.

Seufzend tappt Maren zurück in ihr
Bett. Aber schlafen kann sie auch jetzt
nicht. Es geht ihr so viel durch den Kopf.
Ob sie die Elefantenfamilie für ihren
Spielzeug-Zoo wohl bekommen wird?
Ob sie den Kerzenhalter, den sie für
Papa gebastelt hat, nicht schöner ein-
packen soll? Oder ob sie fürs
Abendbrot vielleicht ganz allein
einen Nachtisch machen darf?

Beim Frühstück gähnt Maren in ihr Müsli. Als sie mit Mama die letzten Einkäufe macht, fühlt sie sich ziemlich schlapp. Die Bohnensuppe am Mittag löffelt sie nur langsam in sich hinein.

„Du siehst müde aus", sagt Mama. „Vielleicht solltest du einen kleinen Mittagsschlaf machen."

Maren schüttelt den Kopf. „Ich bin doch kein Baby mehr! Ich sehe nur müde aus, weil die Zeit so langsam vergeht."

„Mir vergeht sie viel zu schnell", meint Mama. „Ich habe noch eine Menge zu tun."

Nach dem Essen verschwindet
Maren in ihrem Zimmer und packt
Papas Kerzenhalter neu ein. Sie malt
noch ein Bild für Mama. Zum Schluss
bastelt sie einen Stern aus Silberpapier.
Danach legt sie den Kopf auf die
Tischplatte. Sie schläft nicht! Nein,
sie ruht sich nur aus.

Irgendwann setzen sich Mama und
Papa zu einer Tasse Tee in die Küche.
„Komm doch auch, Maren!", ruft Mama
ins Kinderzimmer. „Jeder darf drei
Zimtsterne essen. Aber nicht mehr!
Sonst schmeckt uns das Abendbrot
nicht."

„Jaja", murmelt Maren.
Ihr Kopf liegt immer noch schwer auf
der Tischplatte. Er will überhaupt nicht
mehr hoch.

Gleich darauf klopft es an ihrer
Tür. Und Papa flüstert bedeutungsvoll:
„Es ist so weit, Maren! Die Kerzen
brennen schon. Du kannst jetzt
kommen."

Maren fährt in die Höhe. – Es ist so
weit? Wirklich? Sie stürzt an Papa vorbei
ins Wohnzimmer. Goldenes Licht strahlt
ihr entgegen. Aaah! Da ist der Weihnachtsbaum: groß und herrlich geschmückt!

Darunter liegen die Geschenke,
schön verpackt mit glänzenden
Schleifen.

Mama sitzt auf dem Sofa und schaut
Maren lächelnd an. „Pack aus, mein
Schatz!", sagt sie.

Papa nickt. „Nur zu! Du hast lange
genug gewartet."

Maren staunt. Sie ist ziemlich verwirrt.
Wird diesmal gar nicht gesungen?
Soll sie tatsächlich gleich auspacken?
Na ja, wenn Mama und Papa meinen –

da nimmt sie doch gleich das erste Paket
in Angriff ...

Schleife ab, Papier weg, Deckel hoch!
Maren stockt der Atem vor Schreck.
Das Paket ist leer!

Mama lacht. „Na, so eine Überraschung!"

Papa ruft: „Schnell, mach das nächste
auf!"

Also dann: Schleife ab, Papier weg,
Deckel hoch! – Auch das zweite Paket
ist leer.

„Weiter! Weiter!", rufen Mama und Papa.

71

Maren fühlt einen Kloß im Hals.
Sie kann sich schon denken, was kommt.
Na klar, das dritte Paket ist ebenfalls
leer.

„Fröhliche Weihnachten!", rufen
Papa und Mama.

Maren bringt kein Wort über die Lippen.

„Es ist so weit!", sagt Papas Stimme
jetzt dicht an ihrem Ohr. Und nun hört
sie auch Mamas Stimme: „Du meine
Güte! Sie schläft wie ein Murmeltier."

Maren hebt den Kopf. Dabei schaut
sie ihren Eltern direkt in die Augen.

„Die Kerzen brennen schon", sagt
Papa. „Höchste Zeit, dass du kommst!"

Mama lacht. „Du hast fast zwei Stunden geschlafen."

„Und geträumt", murmelt Maren. „Es war ein schrecklicher Traum."

Zu dritt gehen sie ins Wohnzimmer. Da leuchten die Kerzen. Da strahlt der Tannenbaum. Da liegen die bunt verpackten, schleifenverzierten Pakete. Und Maren weiß: Keins von ihnen ist leer!

Kein Weihnachten mehr?

Es stand in der Zeitung:
„Weihnachten ist abgeschafft."
Schon am Mittag
sah alles anders aus.
Keine Lichterketten mehr
in den Gärten.
Kein Weihnachtsschmuck
im Kaufhaus.

Lebkuchen, Nüsse und Marzipan
aus den Regalen verschwunden.
Die Nikoläuse streiften Mäntel
und Bärte ab
und ließen ihre Säcke stehen.

Niemand wusste, warum.
Und niemand fragte danach.
Vielleicht war Weihnachten
zu teuer geworden?
Oder zu laut?

Vielleicht war es
einfach zu anstrengend?
Mama war erleichtert.
Keine Hetze mehr.
Kein Backen und Brutzeln.

Papa war nicht begeistert.
Er musste an Weihnachten
ins Büro.
Kein Weihnachten mehr?

Eli und Tom waren entsetzt.
Keine Weihnachtsferien!
Kein Christbaum!
Keine Geschenke!
Kein Besuch von Tante Lea.
Dem Pudel Hugo war es egal,
solange nur
die leckeren Knochen
nicht abgeschafft wurden.

Aber Eli hatte schon
ein Bild für Mama gemalt
und für Papa ein Lied gemacht.
Für Tom hatte sie
ein Buch gekauft
und für Tante Lea
eine Kerze gegossen.
Sie hatte eine solche Wut,
dass sie laut aufschrie ...

Und davon wurde sie wach.
Es war Heiligabend.
Am späten Nachmittag
würde Tante Lea kommen.
Eli sprang aus dem Bett,
um die Geschenke zu verpacken.

Weihnachten!
Endlich!
Wie wunderbar.

Der Engel
und der Hirtenjunge

Unter den vielen großen herrlichen Engeln, die den Hirten auf dem Feld in der Weihnachtsnacht die Frohe Botschaft brachten, befand sich auch ein ganz kleiner. Eigentlich war er noch viel zu klein für die weite Reise. Seine großen Brüder hatten ihn deshalb gar nicht mitnehmen wollen.

„Du hast noch nie in unserem Chor mitgesungen", hatten sie gesagt.

„Du spielst kein einziges Instrument.
Und den Text der Frohen Botschaft
bringst du immer durcheinander."

   Der kleine Engel hatte oben im
Himmel nicht zu widersprechen gewagt,
aber aufgegeben hatte er nicht. Er wollte
unbedingt mit nach Bethlehem. Und weil
er ein ziemlich schlauer kleiner Engel war,
gelang es ihm, sich beim Aufbruch seiner
großen Brüder zwischen den weiten
weißen Gewändern und im Rauschen
der goldenen Flügel zu verstecken.
So flog er mit auf die Erde.

Sobald er festen Boden unter den
Füßen hatte, hüpfte er vergnügt über
die Wiese, auf der er gelandet war.
Neugierig sah er sich um.

„Aha, das sind also die Schafe!",
rief er entzückt. „Das sind die Hirten!
Und das schiefe Häuschen dahinten
ist sicher der Stall! Da kann ich sicher
gleich hingehen und das Jesuskind
anschauen."

Seine großen Brüder waren nicht
sehr erfreut, als sie den kleinen Engel
entdeckten. Und dass er so neugierig
war und so viel plapperte, gefiel ihnen
erst recht nicht.

Der Erzengel Michael nahm ihn beiseite und legte den Finger über die Lippen. „Schscht!", machte er. „Wenn du schon nicht singen und musizieren und die Frohe Botschaft verkünden kannst wie wir, dann sei wenigstens ruhig!"

Der kleine Engel gehorchte. Er setzte sich zwischen die Schafe und war mucksmäuschenstill. Während die anderen auf ihren Instrumenten spielten und ihre wunderbaren Lieder sangen, gab er keinen Ton von sich. Und bei der Verkündigung der Frohen Botschaft bewegte er nur lautlos die Lippen.

Erst als die Hirten sich auf den Weg zur Krippe machten, wurde er wieder munter. Er wollte sofort hinter ihnen her und das Jesuskind sehen. Außerdem wollte er Maria und Josef die Hand geben. Und den Ochsen und den Esel streicheln.

Der Erzengel Michael erwischte ihn gerade noch rechtzeitig am Ärmel. „Nein, du bleibst hier!", sagte er streng. „Ich habe eine Aufgabe für dich."

Der jüngste der Hirten, ein neunjähriger
Junge, war nämlich vom Musizieren
der Engel und von der Verkündigung
der Frohen Botschaft nicht aufgewacht.
Er lag noch zwischen den Schafen
und schlief.

„Bei ihm bleibst du sitzen!", bestimmte
der Erzengel. „Er ist noch ein Kind und
soll sich ausruhen. Wenn er aufwacht,
erzählst du ihm, was geschehen ist
und führst ihn zum Stall."

Der kleine Engel war froh und stolz, dass er nun eine richtige Aufgabe hatte. „Ist gut!", sagte er. „Du kannst dich auf mich verlassen. Und den Heimweg finde ich auch." Während seine großen Brüder in den Himmel zurückkehrten, setzte er sich neben den Hirtenknaben und wartete.

Er wartete lange Zeit. Der Morgen graute schon, als der Junge endlich die Augen aufschlug. Als er den kleinen Engel an seiner Seite erblickte, war er zwar ziemlich überrascht, aber kein bisschen erschrocken.

„Wer bist du denn?", rief der Junge. „Ein großer Schmetterling vielleicht? Ist der Frühling schon da?"

„Ich bin kein Schmetterling", antwortete der kleine Engel. „Und wir haben erst Ende Dezember. Aber in der letzten Nacht wurde dein König und Heiland geboren. Er heißt Jesus und liegt dahinten im Stall zwischen Ochs und Esel in einer Krippe. Ich bin ein Engel und soll dich hinbringen."

Sofort sprang der Junge auf und reichte dem kleinen Engel die Hand. Zusammen machten sie sich auf den Weg. Einer war so fröhlich und neugierig wie der andere.

Nie wieder Sportengel!

„Rafaela und Serafina!", rief der Ober-
engel Gabriel streng und zog seine
Flügelspitzen zusammen, dass sie wie
zwei scharfe Schwertspitzen aussahen.
„Ihr habt euch mal wieder gar nicht
engelhaft benommen!"

Er sah die beiden grimmig an und
polterte dann erst richtig los:

„Rafaela, deine Schneeflockensterne
sind schief und krumm geschnitten.
Serafina, du hast den Teig für deine
Sternentorte wieder nicht lange genug
gerührt. Ganz matschig ist der zarte
Engelskuchen geworden! Und der Zucker-
guss auf den Lebkuchen ist ganz und
gar verlaufen! Wann werdet ihr beiden
endlich himmlische Engelsgeduld lernen?

Und wie sehen überhaupt eure Engels-
kleider aus? Flecken vorn und hinten! Der
Saum ist ausgerissen. Und der Heiligen-
schein ist total ausgefranst."

Schuldbewusst senkten Rafaela und Serafina ihre Engelsflügel.

Rafaela trat von einem Fuß auf den anderen. Das tat sie immer, wenn sie gerade keine Entschuldigung parat hatte.

„Einen Tag Erdenflug!", ordnete Gabriel energisch an und hob seine rechte Hand zum Zeichen, dass er keine weitere Diskussion wünschte.

„Bitte wieder ins Tierheim!", wagte Serafina leise hervorzustoßen.

„Oh ja, bitte! Tierheimengel!", bettelte Rafaela und machte einen großen Engelssprung über drei Wolkenkissen hinweg.

„Nichts da!", rief Gabriel mit donnernder Stimme. „Wer so gut springen kann, gehört auf den Sportplatz!"

„Sportengel!", feixten die anderen Engel, schlugen sich aber gleich auf den Engelsmund, als Gabriel sie streng anblickte.

„Los, ab in die himmlische Kleiderkammer. Jogginghosen und Hemden anprobieren, aber bitte ohne Glitzerkram! Und Sporttaschen für die Bälle und Tennisschuhe und Schläger aussuchen!"

Und dann schwebten die beiden Engel auch schon in die Tiefe, der Erde entgegen. Sie flogen über Wälder und Wiesen, über Meere und Flüsse, über Dörfer und Städte.

„Da unten sind so große rote Vierecke!", rief Rafaela plötzlich. „Und eine ganze Menge Kinder läuft da rum. Nichts wie runter!"

„Au!", schrie Serafina auf. Ein scharfer Ball hatte sie gerade von hinten an der Stelle getroffen, wo sie ihre Flügel abgebunden und unters Hemd gesteckt hatte.

Sofort waren sie von einer Schar lärmender Kinder umringt.

„Mann, eure Hemden sehen total scharf aus! Ist das 'ne neue Sportmarke, mit den lila Sternen drauf?", fragte ein großer blonder Junge.

„Eure Sporttasche ist auch nicht von schlechten Eltern", meinte ein sommersprossiges Mädchen bewundernd.

„Euer Daddy muss ja 'ne Menge Kohle haben."

„Kohle?", fragte Serafina erstaunt. „Kohle kennen wir da oben nicht!"

„Mann, die kommen von da oben von den Bergen, aus Bayern!", schrie ein Junge. „Wohl noch nie einen Schläger in der Hand gehabt, was?" Geringschätzig betrachteten die Kinder die zarten Engelshände.

„Na, zu Balljungen wird es wohl gerade noch reichen. Los, schlagt auf!"

Die beiden Engelskinder begannen also, hinter den gelben Bällen herzulaufen. Ihre zarten Engelshände bekamen Kratzer und Schrammen, weil

sie die Bälle hinter den Dornen der Weiß-
dornhecken herausangeln mussten.

Blaue Flecken hatten sie am ganzen
Körper. Immer wieder wurden sie von
scharfen Bällen getroffen.

„Ihr stellt euch ja wirklich saublöd an!",
schimpfte sie Michael, ein anderer Ball-
junge.

Serafina zuckte zusammen.

„Hab dich nicht so!", flüsterte Rafaela
ihr zu. „Menschenkinder hier unten auf

der Erde sprechen eben keine Engels-
sprache."

„Macht ihr das denn zum ersten Mal?",
rief Michael. „Schaut her! Ich versuche,
die Bälle abzufangen, bevor sie in die
Dornen rollen. Ihr müsst eben besser
aufpassen!"

Serafina und Rafaela gaben sich alle
Mühe. Sie federten von dem harten
Sandboden ab, als ob sie von leichten
Wolken getragen würden.

Nach einer Weile rief Michael anerkennend: „Mann, so schlecht seid ihr ja gar nicht. Vor allem könnt ihr ganz toll hochspringen. Sieht stark aus, alle Achtung!

Stellt euch da drüben hin. Da ist der Maschendraht nicht so hoch. Die Bälle fliegen so oft rüber in den Park. Da landen sie in dem kleinen Parksee. Und dann sind sie total verdreckt. Schweinerei, so teuer wie die sind."

Wieder zuckte Serafina schmerzlich zusammen. Aber Rafaela rief laut: „Wird gemacht, Michael."

„Toll!", dachte sogar der Schiedsrichter gegen Ende des Spiels. „Die beiden neuen Balljungen könnten wir gut gebrauchen. Wie die springen! Fast als ob sie fliegen könnten! Mindestens fünfzehn teure Bälle haben die beiden beim letzten Spiel abgefangen."

„Meldet euch morgen früh wieder hier auf dem Tennisplatz!", rief er ihnen zu.

„Wollen mal sehen, ob wir Zeit haben!",
gab Serafina zurück und wollte gerade
artig die Hände falten zum Dank, dass
das schreckliche Spiel gut überstanden
war.

Rafaela boxte sie energisch in die Seite.

„Verrat uns nicht, gebetet wird im
Himmel!", zischte sie ihr zu.

Als es dunkel wurde, holten sie endlich
ihre schmerzenden Flügel unter den
engen Sporthemden hervor und
schwangen sich hinauf in den Wolken-
himmel.

„Nie wieder Sportengel!", riefen sie, als
sie auf ihrer weißen, weichen Wolke
landeten.

Der Weihnachtshund

Endlich ist Heiliger Abend!
Bis zur Bescherung dauert es noch
ein bisschen. Moritz sitzt mit Oma und
Opa in der Küche und spielt mit ihnen
Mensch-ärgere-dich-nicht. Dabei lauscht
er ins Wohnzimmer hinüber, wo Mama
und Papa dem Christkind zur Hand
gehen.

   „Du bist dran", sagt Opa.
„Du musst eine Sechs würfeln."
   Moritz dreht den Würfel zwischen
den Fingern. „Gleich kriege ich den
Hund", murmelt er. „Ich kriege ihn ganz
bestimmt!"

„Den Hund?", fragt Opa. „Welchen
Hund denn?"

„Meinen Weihnachtshund", antwortet
Moritz. „Ich hab ihn mir doch gewünscht."

Oma runzelt die Stirn.
„Ich hoffe nicht, dass du einen Hund
kriegst. Hunde machen viel Arbeit.
Sie hinterlassen überall Haare und
müssen bei jedem Wetter raus."

Opa nickt. „Hunde sind nun mal kein
Spielzeug."

„Das weiß ich doch", sagt Moritz.
„Deswegen habe ich mir ja auch einen
gewünscht!"

Opa und Oma schütteln die Köpfe.
Da läutet nebenan endlich das Glöckchen.

Gleich darauf steht Moritz vor dem
Christbaum. Er atmet den Tannenduft
und fühlt das Kerzenlicht bis in die
Zehenspitzen. Unter dem Baum liegen
seine Geschenke, sorgfältig zugedeckt
mit einem weißen Bettlaken.

Liegt darunter auch der Hund?
Still und geduldig in seinem Körbchen?
Weich und warm und lebendig? Schlafend
vielleicht? Oder blinzelnd?

Moritz sieht seine Eltern an. Die nicken
sich zu und beginnen zu singen: „Stille
Nacht, heilige Nacht ..." Opa räuspert sich
und brummt mit. Oma singt hoch und
ziemlich falsch.

Moritz hat Bauchschmerzen vor lauter Aufregung. Trotzdem stimmt er mit ein: „Holder Knabe im lockigen Haar ..." Auch bei den nächsten Liedern erhebt er keinen Einspruch. Mit einem Mal will er die Überraschung so lange wie möglich hinauszögern.

Nach *Tochter Zion* meint Opa jedoch: „Jetzt reicht's!"

Da zieht Papa langsam das Bettlaken weg – und Moritz sieht seine Geschenke. Er sieht einen bunten Karton, zwei Bücher, ein Skateboard, den Teller mit Süßigkeiten, irgendetwas zum Anziehen ...

Lauter tote Sachen! Nichts, das atmet, blinzelt oder in einem Körbchen schläft. Allerdings – ein Körbchen ist da. Moritz bückt sich und zieht es unter den Tannenzweigen hervor. Es liegt tatsächlich etwas darin. Soll das etwa ein Hund sein? Nein, es ist keiner. Jedenfalls kein echter. Dieser Hund ist nur gehäkelt. Aus lila Wolle. Er hat senfgelbe Schlappohren und Augen aus schwarzem Plastik.

Mit spitzen Fingern packt Moritz das Scheusal am Schwanz und hält es hoch.

Hinter ihm sagt Opa: „Nicht zu glauben!
Da ist er ja – dein Weihnachtshund!"

Moritz dreht sich um. Mama guckt
ihn neugierig an. Moritz lässt den lila
Häkelhund hin- und herbaumeln.

„Das ist nicht mein Weihnachtshund",
sagt er heiser.

„Nicht?", fragt Papa plötzlich. „Na
dann – was hältst du von dem hier?"

Moritz blickt zur Tür. Da steht
Papa. Aber er ist nicht allein. Vor ihm,
ein Stück schon im Zimmer, trippelt und
hüpft ein hellgraues Wuschelpaket.

Ein Hund! Ein lebendiges Hündchen!
Es zieht an einer roten Leine, winselt,
kläfft und will zu Moritz. Und dann reißt
es sich los.

Moritz fällt auf die Knie und schlingt
seine Arme um den Hund. Der drückt sich
an seine Brust. Die kleine flinke Zunge
schleckt sein Ohr. Das kitzelt so schön.
Moritz lacht. Sein Lachen klingt fast wie
ein Schluchzen. Er vergisst Papa und
Mama, Opa und Oma, den Tannenbaum
und die anderen Geschenke. Er sieht
und fühlt nur den kleinen lebendigen
Hund. Den Weihnachtshund, der jetzt
ihm gehört. Ihm ganz allein! Endlich
blickt er auf.

„Der gehäkelte Hund war nur ein Spaß!",
sagt Mama.

„Mir scheint, der echte gefällt dir",
sagt Papa.

„Ist er reinrassig?", fragt Opa.

„Ist er stubenrein?", fragt Oma.

„Er ist wunderbar!", sagt Moritz. „Genau so einen hab ich mir gewünscht!"

Der kleine Hund zappelt und will
plötzlich nach unten. Eifrig schnüffelnd
läuft er durchs Zimmer. Dann hockt er
sich unter den Christbaum und macht
Pipi.

„Er ist also nicht stubenrein",
stellt Oma fest.

„Auch nicht reinrassig!", lacht Papa.

„Aber total süß!", ruft Moritz und holt schnell ein paar Bogen Küchenpapier. Damit beseitigt er die kleine Pfütze.

Für den Rest des Abends ist Moritz selig. Als er ins Bett geht, nimmt er seinen kleinen Hund mit ins Kinderzimmer. Mama und Papa haben es erlaubt, nachdem Moritz hoch und heilig versprochen hat, dass der Hund im Körbchen schlafen wird.

So geschieht es dann auch. Das Körbchen steht allerdings dicht neben dem Bett. So dicht, dass Moritz nur die Hand ausstrecken muss, um das weiche Fell immer wieder zu berühren.

Ein komischer Adventskalender

Niki liegt im Bett.
Ihr Bein ist gebrochen.
Sechs Wochen lang
darf Niki nicht zur Schule gehen.

„Ausgerechnet jetzt!",
jammert sie.
„Die schönste Zeit des Jahres
soll ich im Bett verbringen."

Niki ist traurig.
  „Keine Nikolausfeier.
Keine Weihnachtsfeier.
Kein Weihnachtsmarkt."
Mama tröstet Niki:
  „Vormittags bin ich zu Hause.
Aber nachmittags
muss ich arbeiten gehen.

Dann wirst du
vier Stunden alleine sein."
Mama zeigt zum Adventskalender.
  „Ab morgen darfst du,
immer wenn ich weggehe,
ein Türchen öffnen.
Dann hast du
etwas Abwechslung."

Niki ist enttäuscht.
Kann ein Schokoladen-Kalender
aus dem Supermarkt
Abwechslung bringen?
    Als Mama am nächsten Tag
das Haus verlässt,
öffnet Niki das erste Türchen.
Nicht mal Schokolade!

Stattdessen findet Niki
einen kleinen Zettel darin.
„Peter" steht darauf.
Sonst nichts!
Niki wundert sich.

Kurz darauf hört Niki
die Wohnungstür.
Nikis Klassenkamerad Peter
kommt ins Zimmer.
„Überraschung!",
ruft er.

„Wir haben von deiner Mama
einen Schlüssel bekommen.
Jeden Nachmittag
wird dich jemand
aus unserer Klasse besuchen."

Niki fragt:
  „Und mein Adventskalender
verrät mir, wer?"
Peter nickt.
Und Niki strahlt vor Freude.

Brief ans Christkind

Liebes Christkind,

ich wollte dir
immer schon mal schreiben.
Weil ich aber noch nicht
schreiben kann,
schreibt meine Schwester Karin
diesen Brief für mich.

Karin glaubt nicht an dich.
Das ist mir aber egal.
Ich glaube an dich,
ganz, ganz fest.
Bist du wirklich ein Kind?
Bestimmt ein besonderes.
Mit Zauberkräften.
Sonst könntest du ja nicht
allen Geschenke bringen.

Ich bin auch
ein besonderes Kind,
sagt Oma.
Aber zaubern kann ich nicht.

Und ich würde auch nicht
allen was schenken.
Ich würde die Geschenke
lieber selber behalten.
Warum ich dir heute schreibe?
Weil du mir immer
lauter schöne Sachen bringst.

Nur nie das Pony,
das ich mir so wünsche.
Du musst es ja nicht tragen.
Es wär ja viel zu schwer.
Du kannst darauf reiten
und es dann
in unseren Garten stellen.

Papa sagt,
ein Pony braucht einen Stall
und unser Garten ist zu klein.
Es kann aber auch
im Wohnzimmer schlafen.
  Mama und Papa
gewöhnen sich schon daran.
Du musst dem Pony nur sagen,
dass es nicht so laut
wiehern darf.

Sonst kriegt Mama Migräne.
Das sind Kopfschmerzen,
ganz furchtbar schlimme.

So, jetzt muss der Brief
schnell zur Post.
Mama und Papa sage ich
nichts davon.
Die werden sich freuen!

Tschüss, liebes Christkind!

Deine
Sina!

Geschenke für ein Lächeln

Es ist der zwölfte Dezember.
Mario sitzt in seinem Zimmer.
Draußen ist es so trüb,
dass Mario
das Licht anschalten muss.
Seit Tagen regnet es
ununterbrochen.

Man hört kein nettes Wort.
Alle Menschen sind mürrisch.
Sie verstecken sich
mit hochgeschlagenen Kragen
unter ihren Regenschirmen.
Mario denkt:
„Alle sind so schlecht gelaunt.
Das ist doch
keine Weihnachtsstimmung!"

„Das muss sich ändern!",
findet Mario.
Er hat eine Idee.
Mario rennt in die Küche.

Aus der Schublade
holt er Geschenkpapier
und Klebeband.
Aus dem Knabberschrank
nimmt er Kekse,
Bonbons und Gummibärchen.

In seinem Zimmer
packt Mario
viele bunte Päckchen.
In jedem ist
eine kleine Leckerei.
   Mario legt die Geschenke
in einen großen Karton.
Mit einem dicken Stift
schreibt er vier Worte
in großen Buchstaben
auf den Deckel.

Nur wenig später
steht Mario
in der Einkaufsstraße.
Er öffnet seinen Karton
und stellt den Deckel daneben.
Viele Menschen hasten vorüber.
Doch immer mehr Leute
bleiben erstaunt stehen.
Erwachsene und Kinder.

Einige lächeln
oder lachen Mario sogar an.
Dann nehmen sie sich
ein buntes Päckchen.
Mario freut sich.
Er hat es geschafft:
Plötzlich sieht die Welt
viel freundlicher aus!

Quellenverzeichnis

S. 7–15
Ingrid Uebe, *König Balthasar singt*,
aus: dies., Leselöwen-
Weihnachtsgeschichten, farbig
illustriert von Alexander Bux.
© 2008 Loewe Verlag GmbH,
Bindlach

S. 16–20
Ursel Scheffler, *Opa Wolle*,
aus: dies., Leselöwen-Weihnachts-
geschichten, farbig illustriert von
Maria Wissmann.
© 1995 Loewe Verlag GmbH,
Bindlach

S. 21–26
Gerit Kopietz & Jörg Sommer,
Würfelwichtel, aus: dies., Lesepiraten-
Adventsgeschichten, farbig illustriert
von Sabine Kraushaar.
© 2001 Loewe Verlag GmbH,
Bindlach

S. 27–33
Barbara Cratzius, *Von den Schnee-
wolken-Engeln*, aus: dies., Leselöwen-
Engelgeschichten, farbig illustriert
von Ute Krause.
© 1999 Loewe Verlag GmbH,
Bindlach

S. 34–42
Ingrid Uebe, *Kling, Glöckchen,
kling!*, aus: dies., Leselöwen-
Weihnachtsgeschichten, farbig
illustriert von Alexander Bux.
© 2008 Loewe Verlag GmbH,
Bindlach

S. 43–48
Monika Feth, *Krabbelsack*,
aus: dies., Lesepiraten-Weihnachts-
geschichten, farbig illustriert von
Kerstin Völker.
© 2000 Loewe Verlag GmbH,
Bindlach

S. 49–55
Ingrid Uebe, *Christrosen für Maria*,
aus: dies., Leselöwen-Weihnachts-
geschichten, farbig illustriert von
Alexander Bux.
© 2008 Loewe Verlag GmbH,
Bindlach

S. 56–63
Barbara Cratzius, *Ein Engel im
Klassenzimmer*, aus: dies.,
Leselöwen-Engelgeschichten, farbig
illustriert von Ute Krause.
© 1999 Loewe Verlag GmbH,
Bindlach

S. 64–73
Ingrid Uebe, *Es ist so weit!*,
aus: dies., Leselöwen-Weihnachts-
geschichten, farbig illustriert von
Alexander Bux.
© 2008 Loewe Verlag GmbH,
Bindlach

S. 74–79
Monika Feth, *Kein Weihnachten mehr?*,
aus: dies., Lesepiraten-Weihnachts-
geschichten, farbig illustriert von
Kerstin Völker.
© 2000 Loewe Verlag GmbH,
Bindlach

S. 80–87
Ingrid Uebe, *Der Engel und der
Hirtenjunge*, aus: dies., Leselöwen-
Weihnachtsgeschichten, farbig
illustriert von Alexander Bux.
© 2008 Loewe Verlag GmbH,
Bindlach

S. 88–97
Barbare Cratzius, *Nie wieder
Sportengel*, aus: dies., Leselöwen-
Engelgeschichten, farbig illustriert
von Ute Krause.
© 1999 Loewe Verlag GmbH,
Bindlach

S. 98 – 106
Ingrid Uebe, *Der Weihnachtshund*,
aus: dies., Leselöwen-Weihnachts-
geschichten, farbig illustriert
von Alexander Bux.
© 2008 Loewe Verlag GmbH,
Bindlach

S. 113 – 118
Monika Feth, *Brief ans Christkind*,
aus: dies., Lesepiraten-Weihnachts-
geschichten, farbig illustriert von
Kerstin Völker.
© 2000 Loewe Verlag GmbH,
Bindlach

S. 107 – 112
Gerit Kopietz & Jörg Sommer, *Ein
komischer Adventskalender*, aus: dies.,
Lesepiraten-Adventsgeschichten,
farbig illustriert von Sabine Kraushaar.
© 2001 Loewe Verlag GmbH,
Bindlach

S. 119 – 124
Gerit Kopietz & Jörg Sommer,
Geschenke für ein Lächeln, aus: dies.,
Lesepiraten-Adventsgeschichten, farbig
illustriert von Sabine Kraushaar.
© 2001 Loewe Verlag GmbH,
Bindlach